galactic jokes berlin

Bibliografische Informationen
der Deutschen Nationalbibliothek:
Die Deutsche Nationalbibliothek verzeichnet diese
Publikation in der Deutschen Nationalbibliografie;
detaillierte bibliografische Daten sind
im Internet über www.dnb.de abrufbar.

Herstellung und Verlag:
BoD – Books on Demand, Norderstedt

ISBN 978-3-7347-8350-0

πr a10 high a10

Das Gruselbuch in 5 Akten

von galactic jokes berlin ☀

etwaige Lösungen stehen rückwärts darunter.

Viel Spaß

wünscht die Zeichnerin

Maren Roloff.

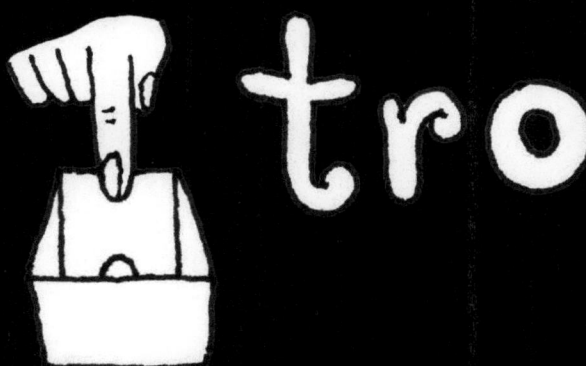

...dlaW nelknud nelknud menie ni

in 1

...

tra **Fan** sich 2

... beide tot .

in 1

...

traFan sich 2 ...

keiner da.

in 1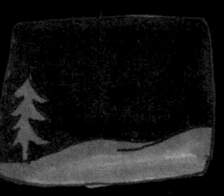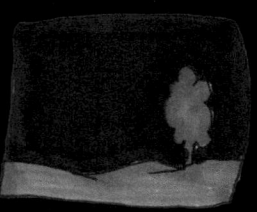

...

who who huhh hh

Erster Akt:

au AU AU

reßiebnedaW

au AU AU
au au
AU au

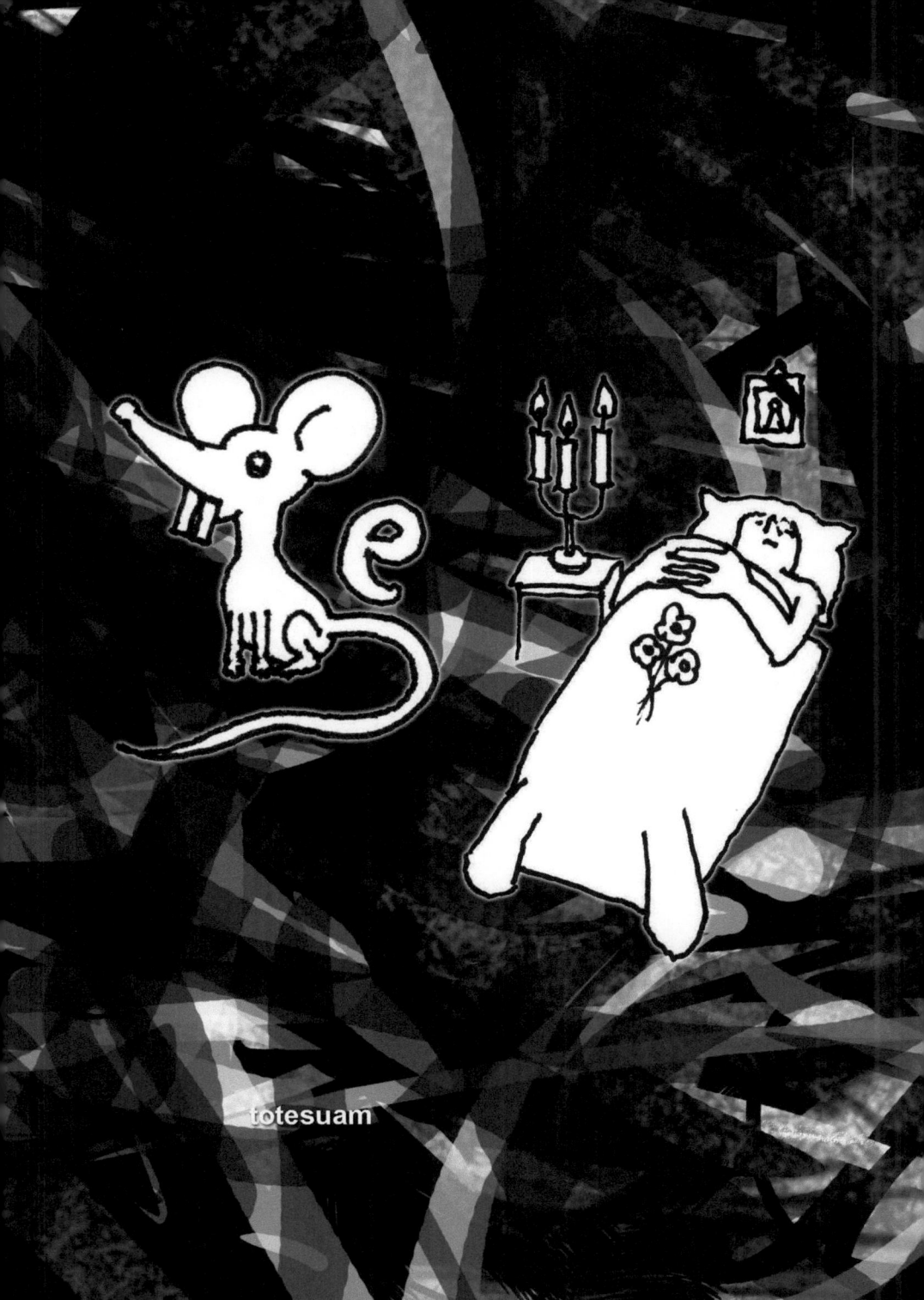

ekcoS emrA

llov ezuanhcS

uaskcerD

mittlere

Pause

dnuH retlaK

Gundfarben

nekcelF eualb

refrewniehcS

Zweiter Akt:

Susis Lispelbuch

(lispeln ! : sßßszßsßss ...)

ad absurdum) siebenter September siebensiebzig

smirkel

Was macht'n die Susi ?
Susi sitzt. (Im Knast ? Njet, auf'm Stuhl.)
Sie hat ein Lieblingstier,
den Hasen. Der sslägt Zick-Zack-Haken.
Der ist sooo süß ! Hat
große Slabberohren. ohoh-ohnd
frißt am liebsten Obst satt.

Jetzt ist Susis Hase zur Zuckerssote nach
Sanssouci eingeslagen,
sausesnell abgehau'n.
Sanssouci ist der Palast der Sorglosen.
Hier läßt man seine Seele baumeln.

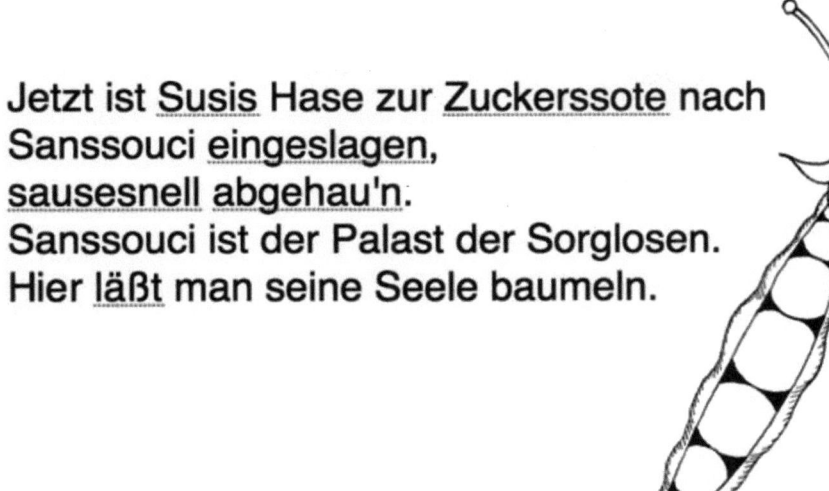

Susi snell dem Hasen nach.
Susi sagt: "Ich switze, sseiß Ssweiß !"
Sie stinkt.
Wegen dem Hasen, der einfach Zick-zack
fortgehoppelt ist.
Susi sieht zum See.
Nirgends der Hase. Da, ein Swanz husst
grad' zwissen den Baumstämmen,
hubbs, weg.

Susi hinterher.
Susi sreit: "Macht mal Platz hier !"
Denn da stehen komisse
Seegurken auf der Straße.
"Macht Platz da !"
Susi kommt nicht vorwärts.
Die Seegurken sßeinen
angewurzelt.
Sie sind vom Senat und reichen ihr
ein Sektglas zum Austrinken und
eine Semmel zum Essen.

Susi sinnt: "Die Seegurken saufen
& fressen. Susi muß voran zum
Hasen nach Sanssouci !"
Das ist ihr Ziel.
So läßt sie Glas & Semmel los und
saußt weiter.
Bis daß sich Susi so seitlich sleicht
an das ganz außergewöhnlich
bewachte Ssloß heran, das
Sanssouci.

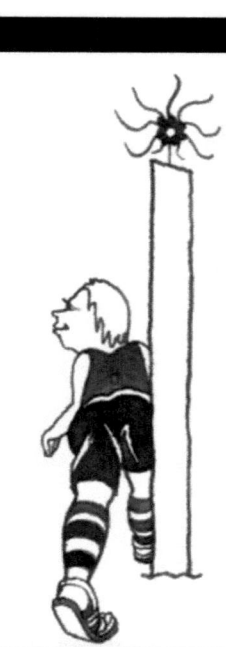

Sie hat außergewöhnliches Pech. Sson steht Sir Polizei da. Hatte sie sson im Visier: "Was ist das ? was soll das ?" fragt der Polizist. Susi läßt ihr Gesicht sinken. "Sie haben mich gesnappt. Werd' ich meinen Lieblingshasen jemals wieder sehen ?"

Da spritzt der Polizist: "Hauptsache, sie zahlen Ssutzgeld, oder ich ssieße!" Susi sucht in ihrer Hosentasse zwissen Süßem & Saftigem: "Sehen sie !, !!!! zehntausend !"

"Sensationell !" sagt der Polizist, "Sie können sparsam dahinziehen."

Susi zieht sich ein Stück zurück, dann links nach Sanssouci. Sie sorgt sich so sehr um ihren Hasen. Sollte er bald jemand anderem gehören als ihr ? Oder: Sollte der Senat ihn gern auf seine Semmel legen & Ssampagna dazu süffeln ?

Susi macht sich
umsonst Sorgen. Der
Hase sitzt auf der
Terasse und läßt seine
Füße baumeln. Sie küßt
ihn im Park des Palast'
auf die Ssnauze und
dann baumeln beide auf
der Terrasse mit den
Beinen in der Luft.
Dabei spricht Susi:
"Sowas darfst du nie
wieder tun !"
Gemeinsam gehen sie
nach Hause.

Doch Susi sieht etwas auf seinem samtigen Fell. "Sperma ? So viel !
Wer war das ?"
"Daas ? Das ist vom Eis !" Susi zieht ihre Runzeln zusammen: "Eis ?"
"Willst du auch eins ?" fragt der Hase.
"Stapelweise !"

Ssluß ! !

Zugabe gibt's nich'.

Jetzt sausen beide nach Süden zum Swager von Susi und dem Hasen.

Zweite Zugabe:
einige Worte zum Texte selber machen:
DENN
(es hätte ja noch viel Sslümmeres passieren können !)

Saal, Saalbau,
Saale, Saalfeld,
Saaltochter, Sabbel,
Säbel, Sabine,
Sabotage, Sachs,
Sachschaden, sacht,
Sachverhalt, Sau,
scharf, Schalotte,
Schihaserl, Schuld,
Schukostecker,
Schupp, Schuß,
Sekte, Sense,
Sezession, Sex, Sieb,
Silber, Pause.
Socken, Soljanka,
Sommersprossen,
Soße,

Sowohl-Als auch,
sozial, Sozietät,
Spleen, Splitt,
Spreißel, spreizbeinig,
Spreizdübel, Spritze,
Stahl, Ständer, Star,
Steinsalz, stolpern,
Stereophonotypistin,
Stiefel, Stiel, stillos,
Stimmzettel, Stoiker,
Strippe, stumm,
Stütze, super, Sussex,
Süßholz, Swissair,
Sylt, System, Szythen.

Für Ssauspieler ßum warmmachen.

galactic jokes berlin

www.erzaehldeinleben.de

+ Maren Roloff + EDL Videoproduktionen

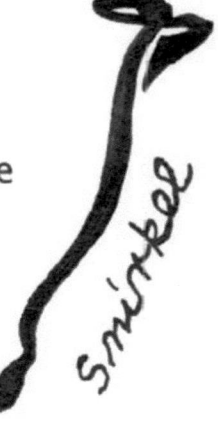

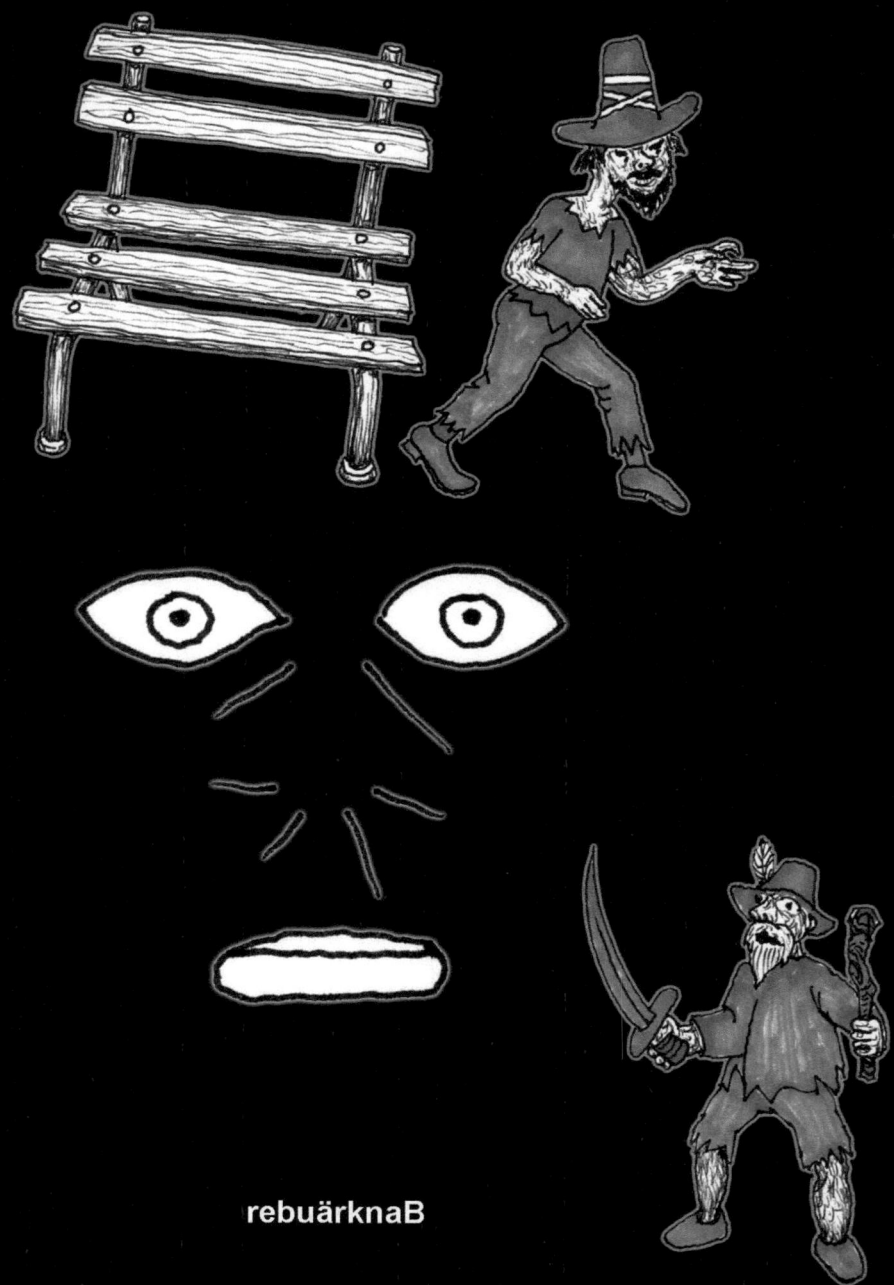

rebuärknaB

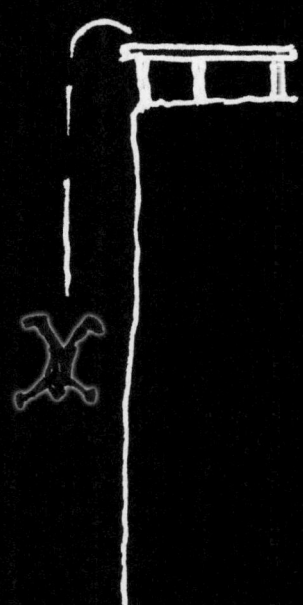

llafrebÜ

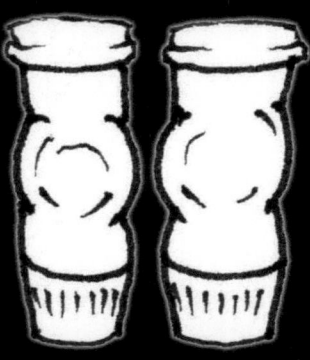

einK ehciew

guzreuarT

amO etoT

lekcedgraS

Dritter Akt:

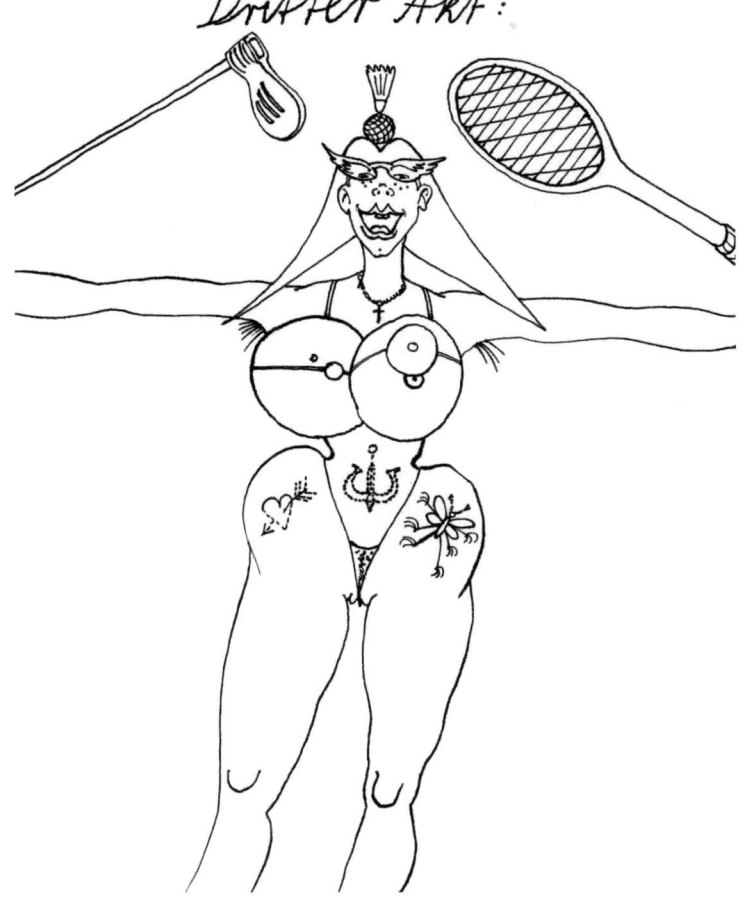

Weiße Hochzeit

Nun stand es schwarz auf weiß.
Der Weißhaarige würde das Schneewittchen heiraten.

Trauzeugen sollten der Schneemann und das Schneeweißchen sein.

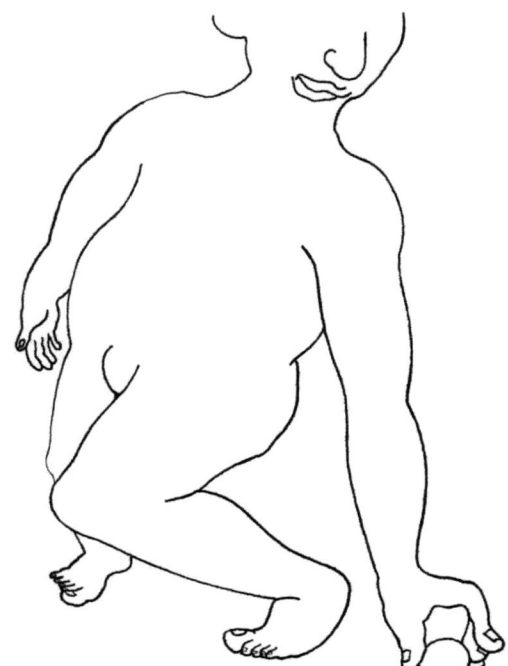

Der weiße Riese
und das Augenweiß
waren ganz beleidigt,
aber eingeladen.

Es begann das Weiße Rauschen.
In weißer Weste und
weißen Handschuhen kam er,
weiß wie Schnee
und
sie im weißen Kleid
mit weißem Flieder in der Hand.

Weiße Nächte standen allen bevor.

Noch häuften sich weiße Kumuluswolken am hellblauen Himmel.

Das Paar zeigte
Zahnweiß
für den
Schwarz -
Weiß - Fotografen.

Porzellanhaufen ～ maren Roloff 2003.

Schwan und Möwe
streuten ihnen Edelweiß.
Milch und Mehl
wurde ihnen gereicht.

Man sang "Die kleine weiße Friedenstaube".

Zwei weiße Schimmel
waren vor ihre
reifbedeckte Kutsche
gespannt.

Der weiße Mond stand ganz oben.

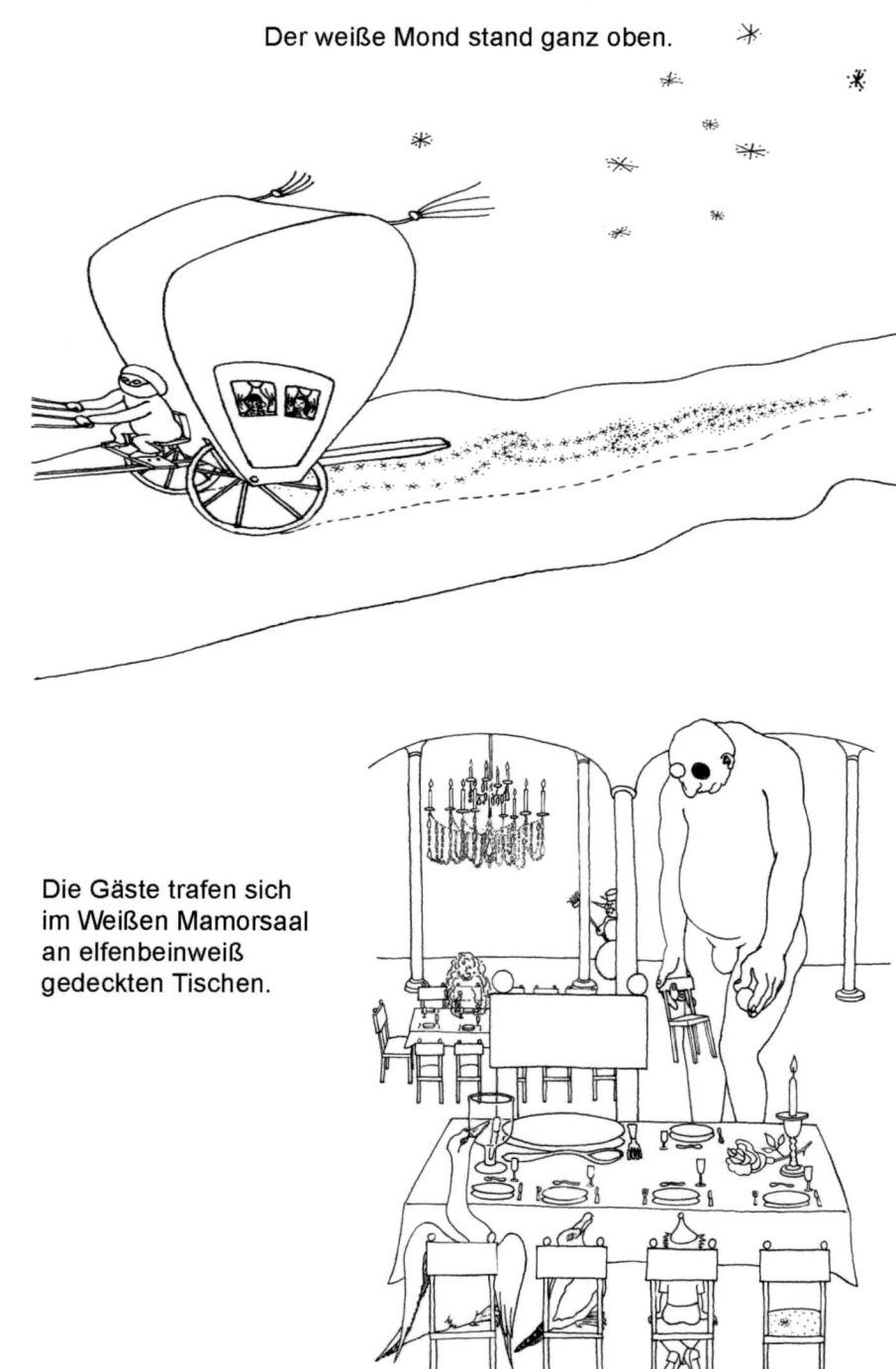

Die Gäste trafen sich
im Weißen Mamorsaal
an elfenbeinweiß
gedeckten Tischen.

Die hohe Torte schien
aus geschlagenem Eiweiß
oder aus purer Schlagsahne
zu sein.
Obenauf prangte
ein nachgemachter Rotweißling.

Jeder bekam ein riesengroßes Stück
und fand darin
eine ganze Tafel Weiße Schokolade.

Oh, ja ! der Weiße Tod...!. doch daran
wollen wir jetzt nicht denken!

Wir gesellten uns neben
die Schwiegermutter
Frau Weißnich,
die immer alles wußte
(...scheinbar die Weisheit
mit Löffeln
gefressen hatte.)
& Federweißer trank.

Daneben der
Schwiegervater
Herr Eisbär.
Der verschlang gerade
eine Weißwurst
& danach
ein Vanilleeis.
Das weckte seinen
kranken Weisheitszahn
und damit seine Weißglut.

Die Weißen Mäuse
mussten ihn
hinausbringen.

- Überwältigung des Schwiegervaters -

Als all das vorbei war,
tranken wir endlich in Ruhe,
der eine ein Weißbier,
die andere Weißwein,
der Rest Berliner Weiße.

Αθήνα

ZONE :

nehcamnie

nicht ganz

aber

fertig

gitrefgalhcs reba thcidnu..

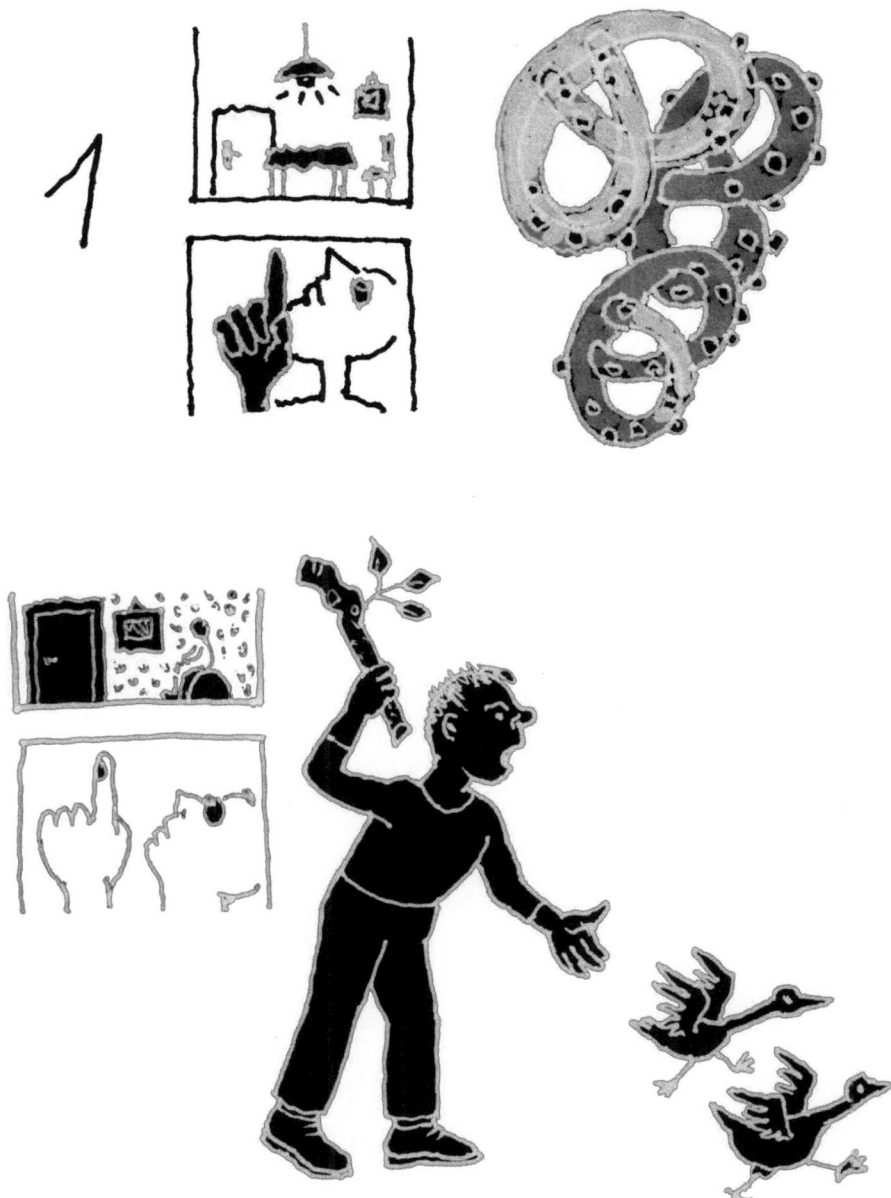

nebiertrebü - nlezerbrebü enie

große

Pause

tlietreiveg

tredefeg dnu treetrg

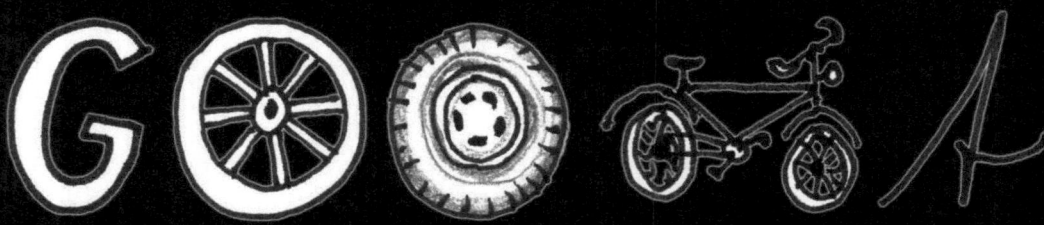

tredäreg

gewzuerK

die

schlagen

sua ..emuäB eid

die

schlagen

na ..ednuH..

..ba uzad fneS..

hcutnehcieL

ßuhcsnekcoS - ßuhcskcerhcS   - netraktsoP

solsgnussaf

hcolhcsrA - etrakhcsrA

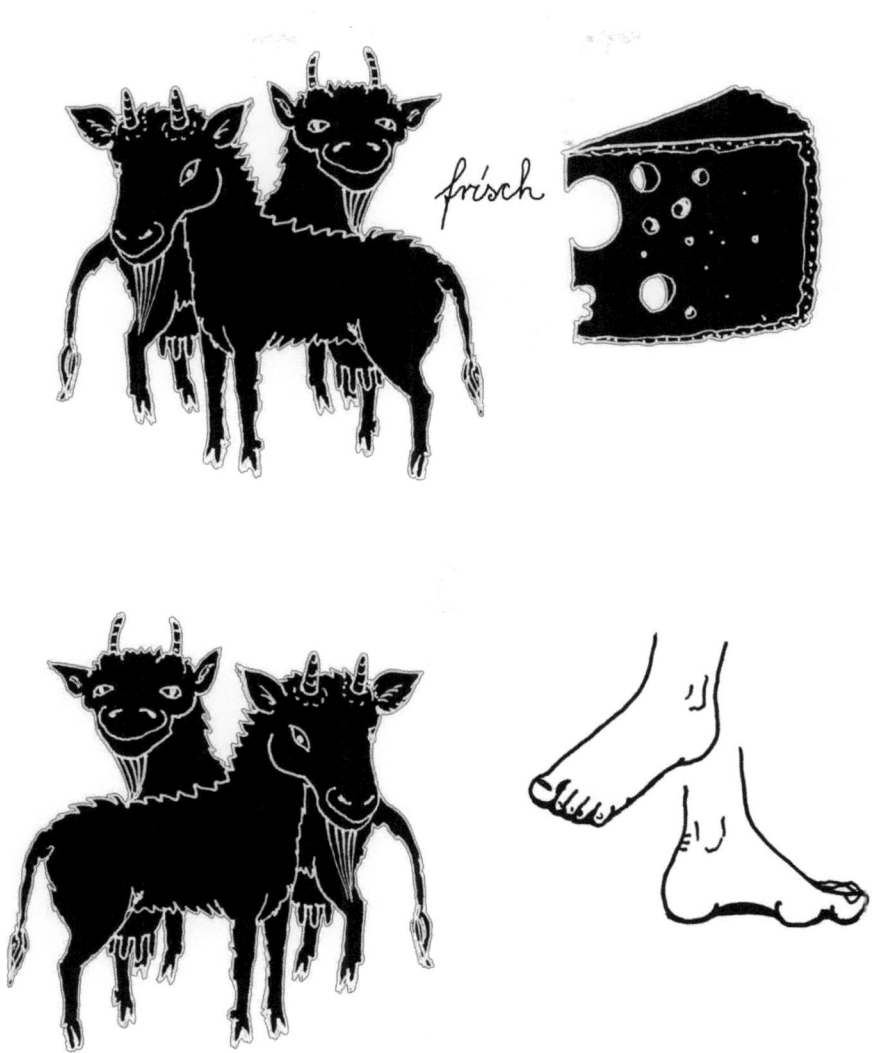

frisch

eßüfnegeiZ - esäkhcsirfnegeiZ

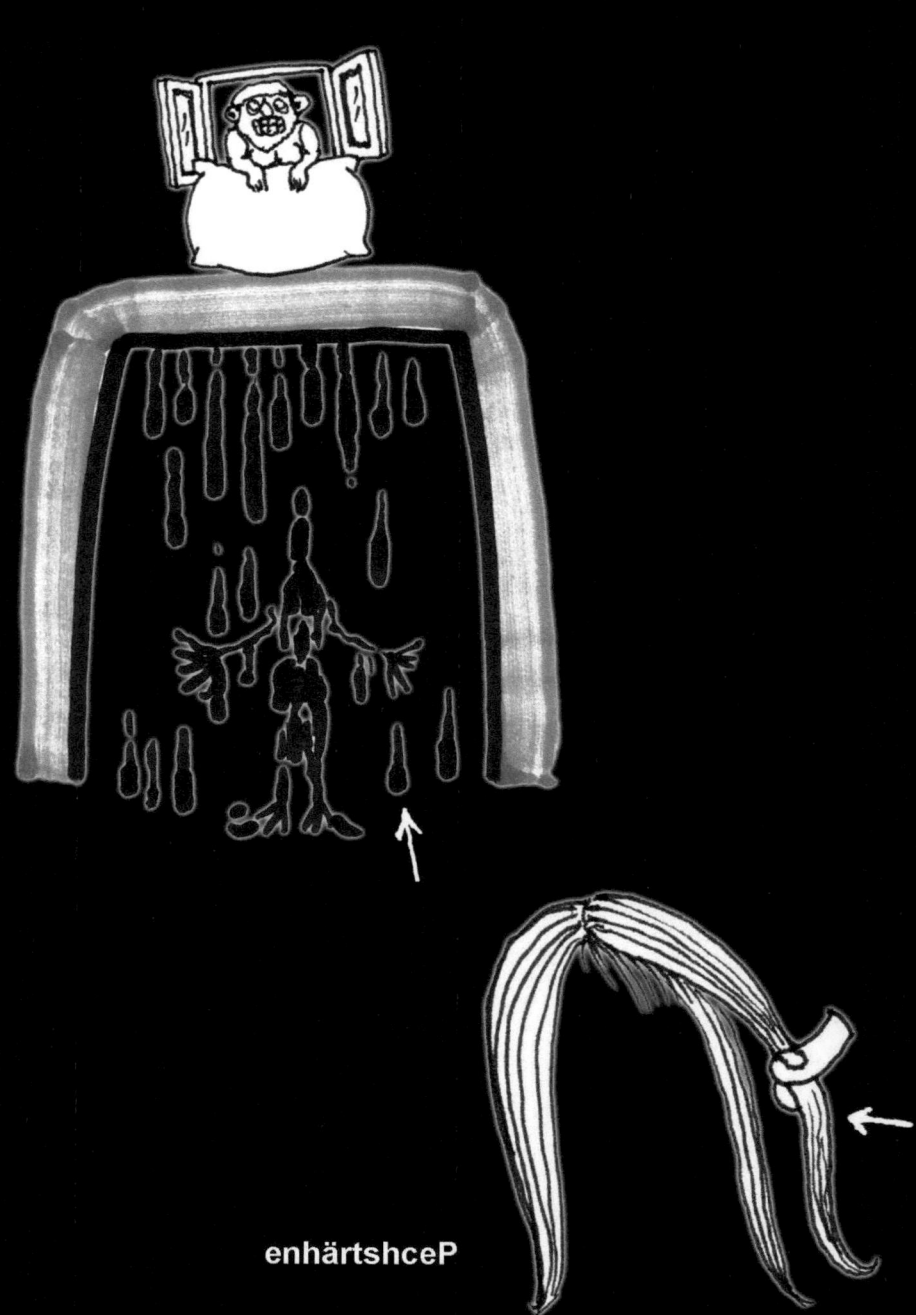

enhärtshceP

gnagsuA

galhcsnA - netlahna tfuL

galhcssuA

netlahsua - galhcsfuA

würden sie das

bitte 1

Danke!

jemandem die

close

negalhcsuz esaN red rov rüT..

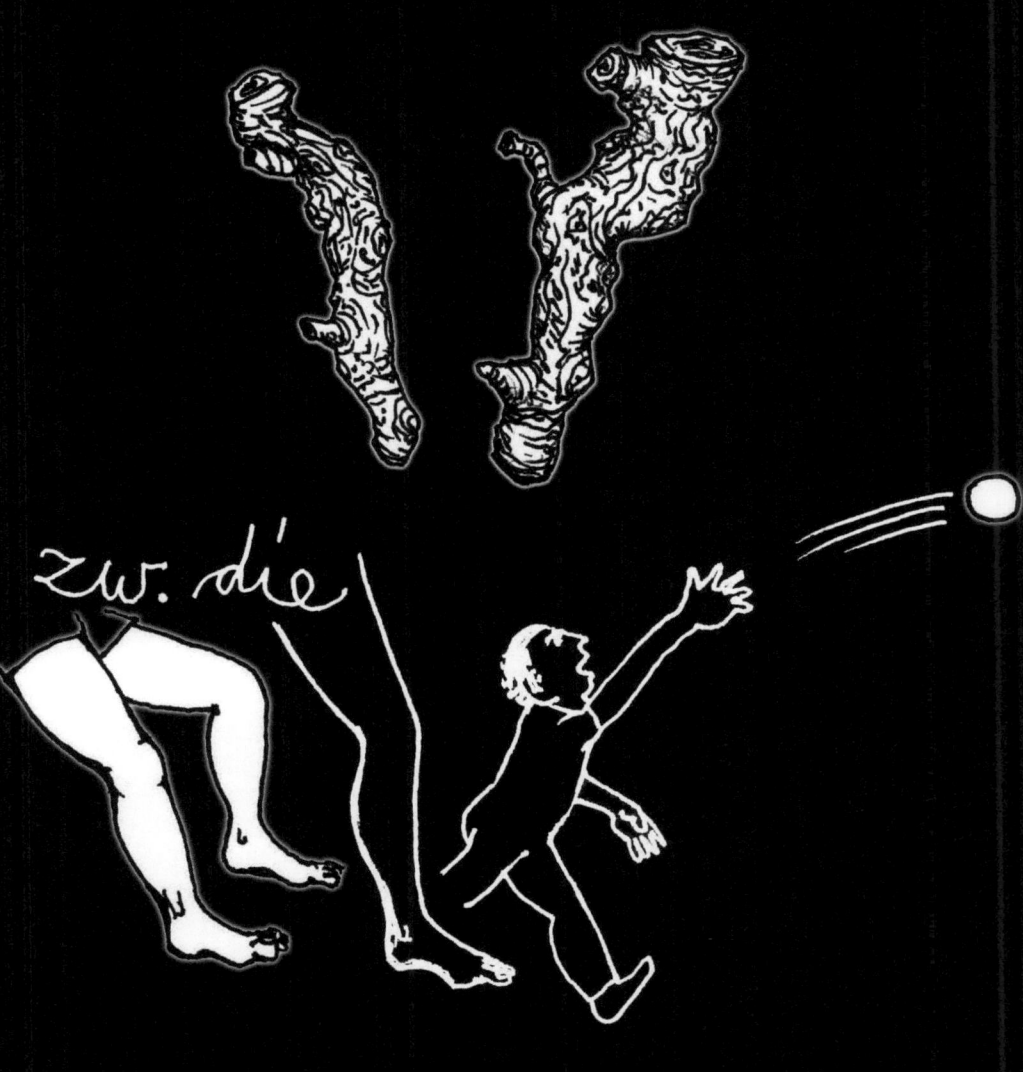

zw. die

nefrew enieB eid nehcsiwz leppünK

den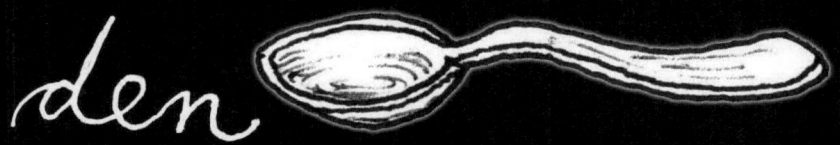

 geben

AB

..ba lefföL..

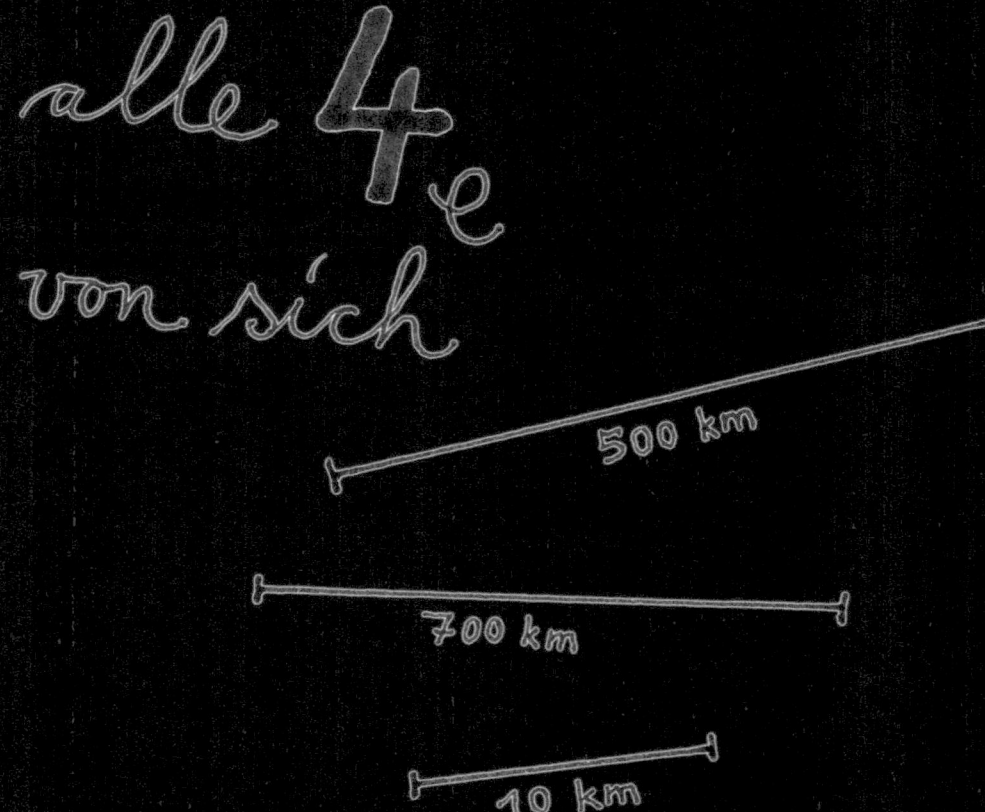

alle 4e von sich

500 km

700 km

10 km

nekcerts..

jémandem
ans

nleknip nieB..

seinen

OPEN

geben

nebegfua tsieG..

den

die

ednuH eid neßieb netzteL..

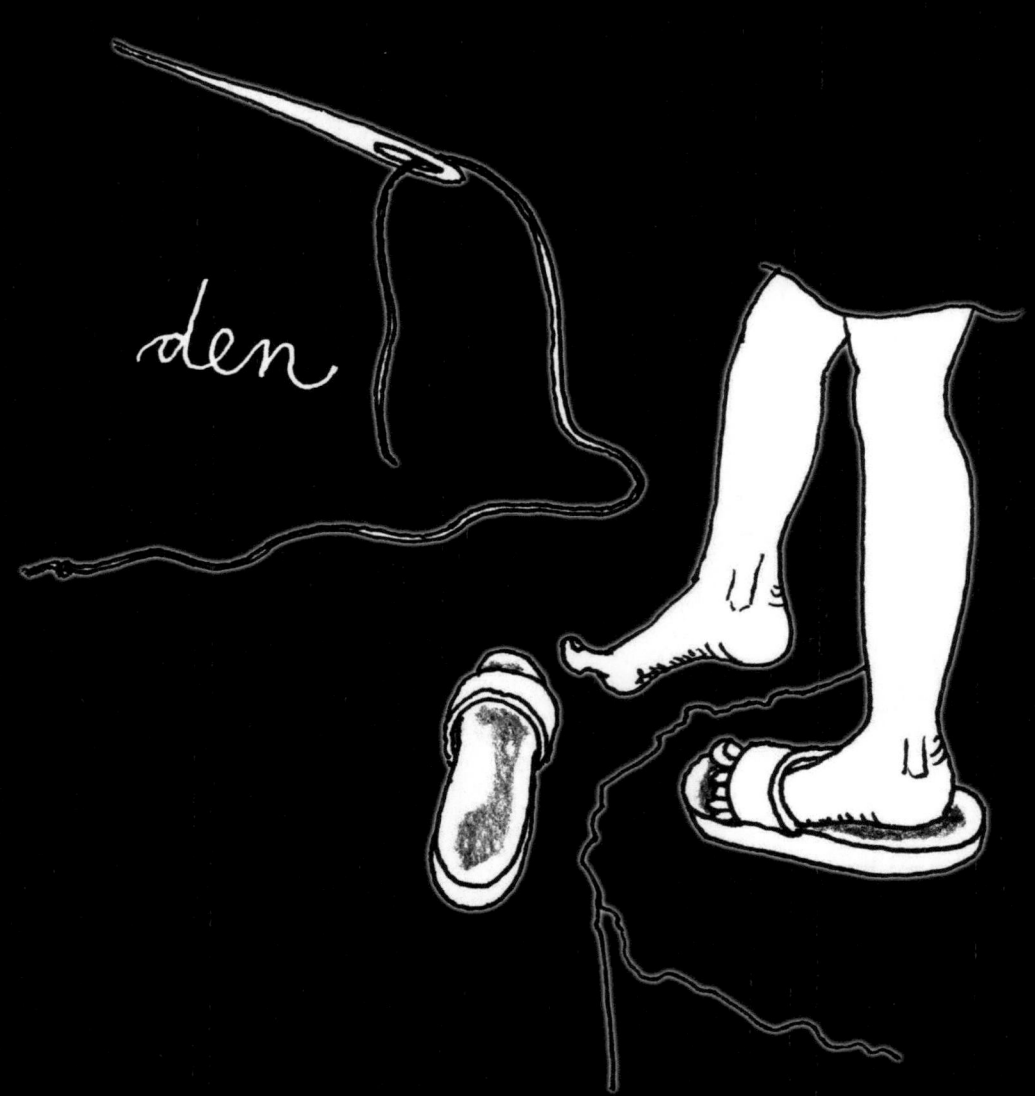

den

nereilrev nedaF..

netlah ekceD red retnu..

jemandem 1

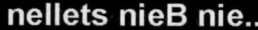
nellets nieB nie..

vor die Hunde gehen

fpoknetoT

jemandem

der

negeil ehcsaT red fua..

bald
den

nehcam hcoh hcsrA..

negalhcs ekcürB enie

für etwas
die   ins

legen

lambarG

Vierter Akt :

es lebten 1x

2 Brüder...

eniebeG

Letzter Akt:

Ideen: Maren Roloff

Zeichnung: Maren Roloff

Castin: SCa
g n:Bearbeitun
g:
Maren Roloff

KorreKtur:
Maren Roloff

MaSKeMusiKFotoUmschlag:
Maren Roloff

TeXtRegieSponsoring Stunts:
Maren Roloff

usW.

bisher erschienen :

ISBN-10: 9783738693843
ISBN-13: 978-3-7347-5373-2

ISBN-10: 9783738694369
ISBN-13: 978-3-7347-5892-8

ISBN-10: 9783738694741
ISBN-13: 978-3-7347-5989-5

Maren Roloff
BilderRätsel
Taschenbuch
68 Seiten
14,8 x 21cm

erschienen bei
Books on Demand.

Mehr Info:
www.galactic-jokes-berlin.de

galactic jokes berlin

Maren Roloff
BilderRätsel für Frauen
Komik und Hirnjogging

ISBN-10: 3734767547
ISBN-13: 978-3734767548

Taschenbuch, 88 Seiten
14,8 x 21cm
erschienen bei
Books on Demand.

ein schönes Geschenk !

Maren Roloff
BilderRätsel für Frauen
Komik und Hirnjogging

ISBN-10: 373476873X
ISBN-13: 978-3734768736

Taschenbuch, 88 Seiten
14,8 x 21cm
erschienen bei
Books on Demand.

statt Blumen !
(oder nur einer
Postkarte für 1,20 ;)

Maren Roloff
WeißHighTen für Fortgeschrittene
Ein Anti-Stress-Buch von galactic jokes berlin © Maren Roloff
Allseits bekannte Aussprüche und geflügelte Worte in Zeichensprache
(wie z.B.: den Stein in rollen bringen, Zucker in den Hintern blasen,
Maulaffen feilhalten, mit Kind & Kegel oder sein Geschäft machen usw, ...)
Ein Vergnügen, sie wiederzuerkennen.

ISBN-10: 3734774373
ISBN-13: 978-3734774379
Taschenbuch, 108 Seiten, 14,8 x 21 cm

Vorschau:

Maren Roloff
high noon
Das amüsante
Ratebuch für Männer
mit KomikBildrätseln zu
Männerthemen.
Anti Stress.

... Mann müsste man sein!

ISBN: 978-3-7347-8248-0

Die Löungen
stehen rückwärts darunter.

galactic jokes berlin ☼

High
DasGrusel-Büch.
Finstere Zeichensprache
in fürnf Akten..

Ob allein oder zu zweien,
ein bisschen Gänsehaut
muss sein!

ISBN: 978-3-7347-8119-3

Taschenbücher
108 Seiten, 14,8 x 21 cm

Mehr Info:
www.galactic-jokes-berlin.de

hello sunshine
how are you